hen

galinha

rooster

galo

chick

pintainho

duckling

patinho

turkey

peru

donkey

burro

swan

cisne

frog

sapo

racoon

guaxinim

bear

urso

squirrel

esquilo

fly

mosca

ladybug

joaninha

worm

minhoca

snail

caracol

slug

lesma

bee

abelha

spider

aranha

beetle

escaravelho

dragonfly

libélula

lion

leão

zebra

zebra

giraffe

girafa

rhinoceros

rinoceronte

snake

cobra

mosquito

mosquito

sea turtle

tartaruga marinha

hippopotamus

hipopótamo

alligator

jacaré

crocodile

crocodilo

shark

tubarão

walrus

morsa

penguin

pinguim

polar bear

urso polar

seal

foca

starfish

estrela do mar

jellyfish

medusa

seashells

conchas

feather

pena

11

eleven

onze

12

twelve

doze

13

thirteen

treze

14

fourteen

quatorze

15

fifteen

quinze

16

sixteen

dezesseis

17

seventeen

dezessete

18

eighteen

dezoito

19

nineteen

dezenove

20

twenty

vinte

heart

coração

oval

oval

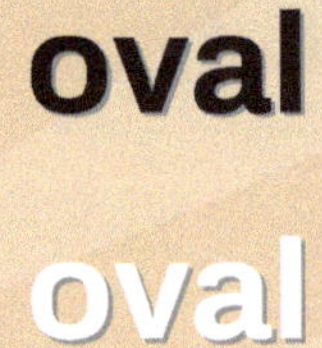

arrow

seta

crescent

crescente

curve

curva

spiral

espiral

cross

cruz

zigzag

ziguezague

rainbow

arco-íris

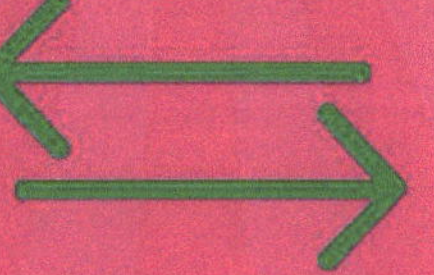

dark colors

cores escuras

light colors

cores claras

dots

pontos

line

linha

short

baixo

tall

alto

a little

um pouco

a lot

muito

full

cheio

empty

vazio

curly hair

cabelo encaracolado

straight hair

cabelo liso

accept

aceitar

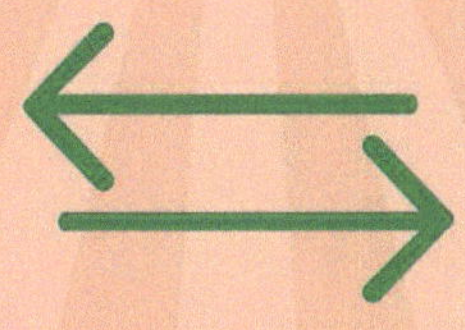

refuse

recusar

identical
idêntico

different
diferente

dry
seco

wet
molhado

toys

brinquedos

blocks

blocos

ball

bola

robots

robôs

tongue

língua

nose

nariz

hair

cabelo

moustache

bigode

fingers

dedos

arm

braço

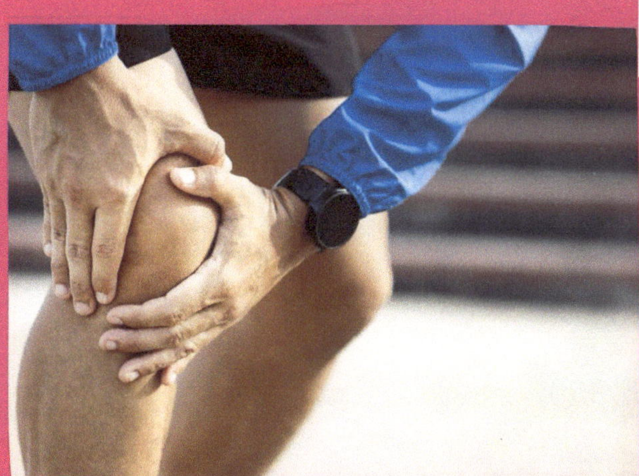

knee

joelho

elbow

cotovelo

smile

sorrir

kiss

beijar

cry

chorar

pain

dor

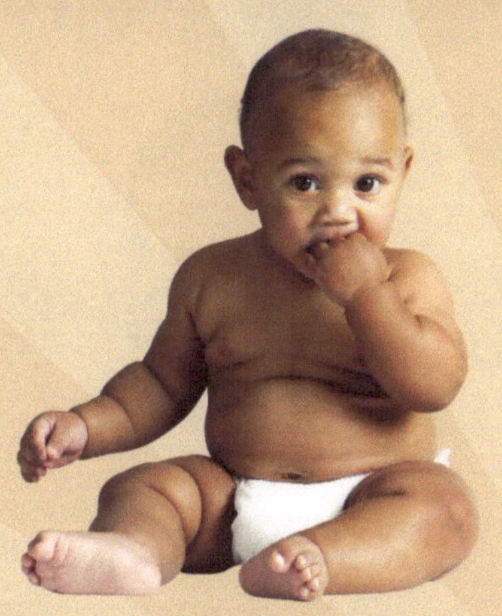

body

corpo

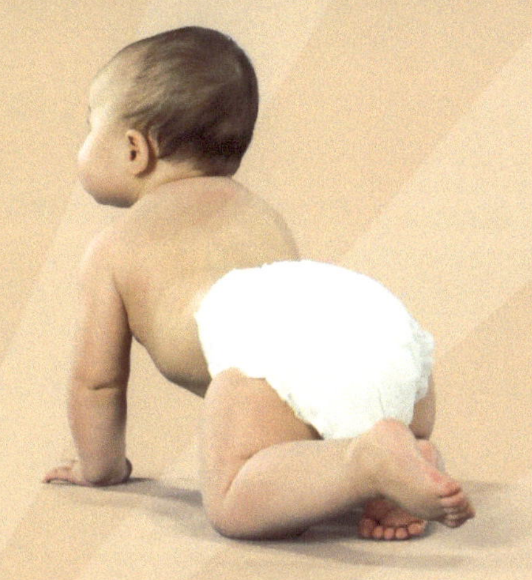

back

costas

pacifier

chupeta

high chair

cadeira de bebé

soap

sabão

toothbrush

escova de dentes

towel

toalha

potty

bacio

ring

anel

bracelet

bracelete

necklace

colar

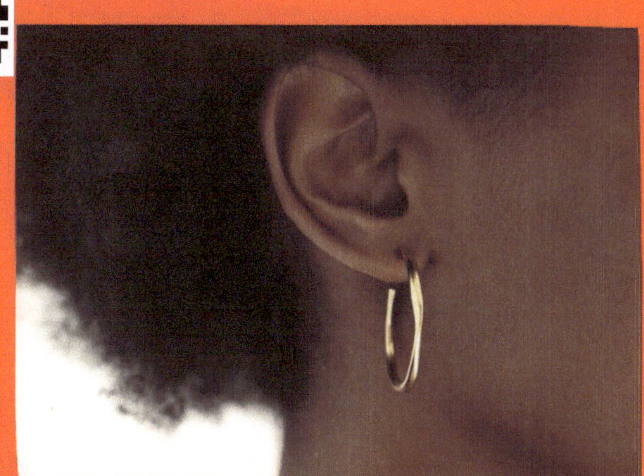

earring

brinco

chocolate

chocolate

popcorn

pipocas

jam

compota

toast

torrada

honey

mel

butter

manteiga

bread

pão

ice cream

gelado

semolina

sémola

rice

arroz

pasta

massa

soup

sopa

milk

leite

water

água

juice

sumo

kiwi

quivi

raspberry

framboesa

grapefruit

toranja

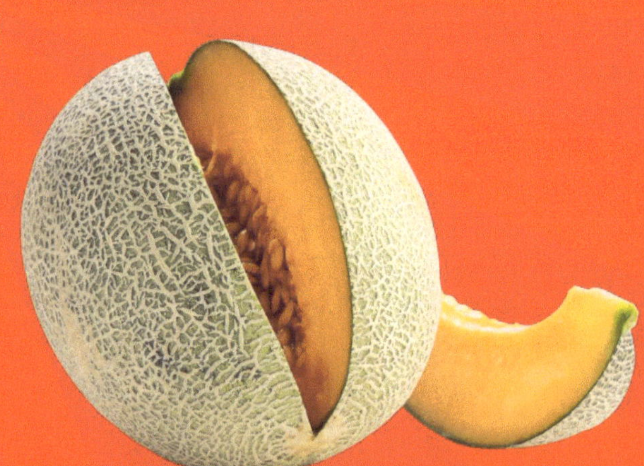

melon

melão

plum

ameixa

apricot

damasco

pomegranate

romã

fig

figo

blueberry

mirtilo

cranberry

arando

persimmon

dióspiro

lychee

líchia

fruits

frutas

vegetables

vegetais

avocado

abacate

green bean

feijão-verde

broccoli

brócolos

eggplant

beringela

peas

ervilhas

bell pepper

pimento

beet

beterraba

lettuce

alface

endive

endívia

artichoke

alcachofra

leek

alho-francês

onion

cebola

garlic

alho

ginger

gengibre

walnuts

nozes

almond

amêndoa

pistachio

pistache

cashew

caju